CHARTES ANCIENNES

MANUSCRIT ET FRAGMENTS DE MANUSCRITS

DE LA

COLLECTION DE Mgr DESNOYERS

A ORLÉANS

PAR

Lucien AUVRAY

BIBLIOTHÉCAIRE A LA BIBLIOTHÈQUE NATIONALE

(Extrait du *Bibliographe moderne*, n° 4, 1902)

BESANÇON
IMPRIMERIE VEUVE PAUL JACQUIN
—
1902

CHARTES ANCIENNES

MANUSCRIT ET FRAGMENTS DE MANUSCRITS

DE LA

COLLECTION DE Mgr DESNOYERS

A ORLÉANS

PAR

L. AUVRAY

(Extrait du *Bibliographe moderne*, n° 4, 1902)

BESANÇON
IMPRIMERIE VEUVE PAUL JACQUIN
—
1902

CHARTES ANCIENNES, MANUSCRIT

ET FRAGMENTS DE MANUSCRITS

DE LA

COLLECTION DE MGR DESNOYERS

A ORLÉANS

Mgr Desnoyers, l'archéologue et numismate orléanais bien connu, décédé le 27 janvier dernier, a laissé à différents établissements scientifiques (bibliothèques et musées) de sa ville natale sa bibliothèque, qui était extrêmement considérable (15000 à 20000 volumes), et ses riches collections de médailles et d'antiquités. Au Musée historique doivent notamment revenir quelques chartes anciennes, un manuscrit et quelques fragments de manuscrits, qui étaient un peu perdus dans cet amas de livres, d'estampes et d'objets divers, et que M. H. Herluison, successeur de Mgr Desnoyers dans la direction de ce Musée, a eu la grande obligeance de me signaler et de me communiquer. Je ne crois pas inutile de reproduire les notes prises un peu à la hâte sur ces documents, que l'on ne penserait peut-être pas à chercher où ils sont actuellement.

Laissant de côté quelques documents modernes (xviie et xviiie s.), d'une importance tout à fait secondaire, je ne m'occuperai que des pièces anciennes, et tout d'abord des chartes, au nombre de huit, dont sept au moins, parmi lesquelles quatre bulles pontificales du xiiie siècle, proviennent du chartrier de l'abbaye de Saint-Jean des Vignes, de Soissons.

La plus ancienne de ces chartes, et aussi la plus belle d'aspect [1], est une constitution de douaire par un certain Ilgerannus

---

1. Voy. plus loin, pièce I.

à sa femme Leogardis; cet acte est daté de Laon, 1158; le sceau de l'évêque de Laon Galterus (Gautier de Mortagne, 1155-1174), annoncé dans la pièce, a disparu, comme d'ailleurs tous les sceaux ou bulles des pièces dont il sera parlé ci-après.

Vient ensuite un arbitrage de « frater J., abbas Ursicampi (Jean, abbé d'Ourscamp), J., archidiaconus Cathalaunensis, et G. de Lauduno, canonicus Remensis », entre les abbé et religieux de Saint-Jean des Vignes de Soissons, d'une part, et les abbé et religieux de Longpont, d'autre part, touchant certains droits de censive (1218). Les sceaux des trois arbitres manquent. On lit, au dos de la pièce, cette cote du xviiiᵉ siècle : « Armoire 1. Boëte 5. Liasse 2. »

L'ordre chronologique appellerait ici deux bulles d'Innocent IV, de 1246 à 1247 [1]; une bulle de Clément IV, de 1267 [2]; un acte de Thibaud II, roi de Navarre, concernant un échange fait avec les religieux de Saint-Jean des Vignes, 1268 [3]; une bulle de Nicolas III, de 1278 [4]; nous donnons ci-après le texte des trois premières de ces cinq pièces, nous bornant pour les deux dernières à des extraits ou à une analyse.

Cette série de chartes se termine par une transaction passée, en novembre 1310, entre les abbé et religieux de Saint-Jean des Vignes, d'une part, et « Bernard de Morveilg, chevaliers, sires de Kennes », d'autre part, pour raison de certaines acquisitions faites à Chaudun [5].

Les pièces dont je viens de donner le détail ne sont pas les seules épaves des anciennes archives de Saint-Jean des Vignes de Soissons, qui soient conservées à Orléans. On peut voir, dans l'une des vitrines de la salle des séances de la Société archéologique de l'Orléanais (ancienne salle des thèses de l'Université), deux bulles pontificales encadrées, l'une d'Alexandre III, 1168 [6], l'autre d'Innocent IV, 1247 [7]; toutes deux proviennent égale-

1. Voir plus loin, pièces II et III.
2. Voir plus loin, pièce IV.
3. Voir plus loin, pièce V.
4. Voir plus loin, pièce VI.
5. Chaudun, Aisne, arrondissement de Soissons, canton d'Oulchy-le-Château.
6. Voir plus loin, pièce VII.
7. Voir plus loin, pièce VIII.

ment de Saint-Jean des Vignes de Soissons [1] ; sans doute, elles faisaient partie du même lot que les pièces de la collection de Mgr Desnoyers, et c'est lui, tout porte à le croire, qui, à une époque qu'il n'a pas été possible de déterminer, en aura fait don à la Société archéologique.

Quant au manuscrit retrouvé chez Mgr Desnoyers, et qui était vraisemblablement le seul qu'il possédât, c'est un petit volume de trente feuillets de parchemin non numérotés, dans un bon état de conservation, recouvert d'une reliure moderne, en parchemin plein, au chiffre de l'abbé Desnoyers [2]. Il contient une chronique abrégée des rois de France jusqu'à (et non compris) Louis XII. L'écriture est du commencement du xvie siècle. Le début de cette chronique (fol. 1 r° et partie du fol. 1 v°) a été gratté et recouvert de deux miniatures sur lesquelles nous aurons à revenir. Le texte actuellement lisible commence, vers le bas du feuillet 1 v°, avec ces mots :

« *De Marcomirus, de Faramond et de Clodio.* Il fait à merveiller comme les François, soubz la conduite de leurs chiefz et ducz, asçavoir premièrement de Marcomirus, après de Faramond, son filz, et successivement de Clodio, filz d'icelluy Faramond, eurent la hardiesse d'entreprendre la guerre contre les Romains, qui lors tenoient la monarchie.... »

Des derniers mots du dernier feuillet, il ressort que l'auteur vivait sous Louis XII, et qu'il avait traité à part l'histoire de ce prince :

« Et fut appelé Loys XIIe. Mais pour tant que ses faitz sont plus dignes d'admiration et de mémoire que ceulx de tous les aultres, aussi qu'il est encores en pleine vie et prosperité, et en train d'en faire de plus granz, à l'aide de Dieu, n'ay point voullu en cestuy abregé faire mention de ce que luy est advenu de son règne, ains en ay fait ung livre et une histoire à part. »

On remarque, au recto du premier feuillet, un encadrement qui est bien dans le goût du temps, et, dans la marge inférieure, l'écu de France soutenu par deux hérissons.

1. Cf. Ch.-V. Langlois et H. Stein, *Les Archives de l'histoire de France* (1891), p. 539.
2. Ce manuscrit est actuellement exposé dans l'une des vitrines du Musée Jeanne d'Arc.

Les miniatures qui recouvraient tout le texte du recto et une partie du texte du verso du premier feuillet, et qui ont été détachées de ce feuillet avec soin, appartenaient à un autre manuscrit, de deux siècles plus ancien ; le style des miniatures, comme les caractères de l'écriture qui se lit derrière, indiquent le commencement du xiv° siècle. Sur la première de ces deux miniatures, celle qui recouvrait le texte gratté du recto, est figuré un combat de chevaliers ; sur la seconde, plus petite environ de moitié, sont représentés trois personnages : trois personnages, comme on le verra tout à l'heure, du roman de Marques de Rome, sans doute l'empereur, l'impératrice et Marques lui-même.

Les quelques lignes de texte qui se lisent au dos de ces miniatures nous ont permis de reconnaître dans ces deux fragments les débris d'un exemplaire, probablement perdu et qui devait être assez beau, du roman des Sept Sages et de ses diverses continuations, tout au moins de la première et de la quatrième. Cet exemplaire, vraisemblablement d'assez grand format et écrit sur trois colonnes, devait présenter beaucoup d'analogie avec celui qui forme actuellement les manuscrits français 22548-22550 de la Bibliothèque nationale, lequel est à peu près de la même date, et plutôt postérieur. Un autre exemplaire des Sept Sages, avec les continuations, exemplaire en un volume, daté de 1466, est également conservé à la Bibliothèque nationale, sous le n° 93 du fonds français.

Le premier des deux fragments de la collection Desnoyers, qui comprend deux colonnes de texte, l'une de quatorze lignes, l'autre de quinze, appartient au roman de Péliarménus, la quatrième et avant-dernière continuation du roman des Sept Sages de Rome [1]. Voici le texte de ces deux passages, qu'il ne sera pas sans intérêt de rapprocher des deux passages correspondants des manuscrits français 22550 et 93, lesquels paraissent appartenir tous deux à une autre famille que les fragments d'Orléans. Les mots ou syllabes restitués sont imprimés entre crochets [].

---

1. Cf. Gaston Paris, *Manuel d'ancien français, la littérature française au moyen âge*, 2° édit. (1890), p. 109, § 71.

264]

Colonne 1.

Cf. ms. franç. 93, fol. 480 v°, col. 2.
Cf. ms. franç. 22550, fol. 41, col. 1.

    [qui venoi-]
ent tout a pié moult en
haste aprez lor seigneur droi-
turier, à qui il ne voloient
faillir ne à mort ne à vie.
Cil dont j'avoie dit
dessus qui parti s'es-
toient de Peliearmenus vi-
rent ceus venir ; si lor cou-
rurent sus ; mais il n'estoi-
ent pas garçons, ains lor furent moult contraires. Quar,
ainsi comme je vous avoie de-
vant fait mention du che-
valier qui povres estoit d'a-
[voir et riche de chevalerie]

Colonne 2.

Cf. ms. franç. 93, fol. 481 r°, col. 1.
Cf. ms. franç. 22550, fol. 41, col. 2.

   [Que vous diroie je]
de cel povre ? Il semblero[it]
à aucun que ce fust chos[e]
impossible. Cil qui pre[u]-
domme furent et avoient [à]
leur avis bon droit, et si [a]-
voit encore chascun cue[r]
de lyon en soi ; pour quoi [à]
l'aide du vaillant chev[a]-
lier il outrèrent les x [qui]
se furent parti de Pélia[r]-
menus, que onques I
tout seul n'en eschappa et
n'i ot celui qui eust po[voir]
de respondre chose qu'i[l]
leur vousissent enquerre
[ne demander]....

Le texte compris entre le fragment de la première colonne et celui de la seconde correspond à seize lignes environ du manuscrit français 93, et à vingt-deux lignes du manuscrit français 12550.

Le second fragment, qui se compose d'une seule colonne, de douze lignes de texte, fait partie du roman de Marques de Rome, la première des continuations du roman des Sept Sages, plus répandue au moyen âge que la continuation connue sous le nom de Péliarménus.

  Cf. ms. français 93, fol. 47 r°, col. 1.
  Cf. ms. français 22548, fol. 43 v°, col. 3.

    [et avons nous]
  le nostre encore à querre.
  Sire, dist Marques, je ne vous
  puis faillir ne ne doi. Je fera[i]
  la bataille. Quant li doi e[m]-
  pereur oyrent ce, si l'en merci-
  èrent moult. Vassal, dist li
  messages, vous haez vostre [vie ?]

quand vous vous volez com-
batre contre Patan de Frise.
Amis, dist Marques, jà n'es[t]
il c'uns seul homs si comme
je sui? Seigneur, dist li me[s]-
[sages, que dirai-je....].

Mgr Desnoyers avait enfin recueilli dans ses collections un assez grand feuillet de parchemin, mesurant 328 millimètres sur 220 [1], qui, selon toute vraisemblance, a servi de garde à un manuscrit. L'une des pages est restée blanche [2]; sur l'autre, ont été transcrits, au XIII° siècle, dans le nord de la France, et disposés sur deux colonnes, l'une de trente lignes, l'autre de vingt-six :

1° (colonne de gauche) des préceptes hygiéniques pour les douze mois de l'année ;

2° (colonne de droite) des notes de comput et des indications relatives aux vigiles et aux quatre-temps.

Les préceptes hygiéniques copiés sur ce feuillet ne sont pas inconnus ; deux textes au moins, présentant avec le nôtre et présentant entre eux des différences plus ou moins sensibles, en ont été publiés.

a. Texte du manuscrit de l'Arsenal 3516 (anc. B. L. F. 283). Il a été d'abord imprimé par l'abbé Lebeuf, *Dissertations sur l'histoire ecclésiastique et civile de Paris*, t. II (1741), p. 209-210 (le manuscrit était alors au collège de Navarre, et portait la cote 218); puis par G.-A. Crapelet, *Proverbes et dictons populaires* (1831), p. 91-92, note, soi-disant d'après un manuscrit de la bibliothèque du Roi, en réalité d'après l'abbé Lebeuf; enfin, avec quelques corrections,

---

1. La marge de droite paraît avoir été rognée. — Dans la marge supérieure, cette note : « Almanach du XIII° siècle, trouvé en 1820 ». — Dans la partie inférieure du feuillet, de la même main que la note ci-dessus, copie intégrale du texte contenu sur ce feuillet, dans laquelle on a conservé la disposition sur deux colonnes. — Dans la marge de gauche, toujours de la même main, assez longue note sur « l'usage de se faire saigner ».

2. Nous y notons seulement, dans la partie supérieure, une cote, ou une date : « MDCCXCI ». — Un peu au-dessous, d'une main du XVII° siècle : « Allexandre ». Vers le milieu de la page, traces de quelques mots écrits au XV° siècle.

par M. W. Förster, *Zeitschrift für romanische Philologie*, de G. Gröber, t. I (1877), p. 97-98.

b. Texte du manuscrit A 454 de la bibliothèque de Rouen, fol. 248 v°-249 r°. Il a été publié par M. Paul Meyer, *Bulletin de la Société des Anciens textes français*, neuvième année (1883), p. 92-93.

En outre, Frédéric Godefroy, dans son *Dictionnaire de l'ancienne langue française*, cite à plusieurs reprises, aux mots *aukairrais, dimescre, enjun, fenerech*, un « calendrier du xiii° siècle ». Ce calendrier est absolument identique au nôtre, ou n'en diffère que par des variantes insignifiantes ; écrit dans le même dialecte, il était suivi des mêmes indications relatives aux vigiles et aux quatre-temps ; au mot *gieskerech*, Godefroy fait un nouvel emprunt à ce même calendrier, cette fois en ajoutant cette référence : « Richel. (c'est-à-dire Bibliothèque nationale) 24428, fol. 40 r° » ; mais cette référence est de tous points inexacte ; et je suis tenté de croire, jusqu'à preuve du contraire, que le calendrier connu de Godefroy est précisément le nôtre, ou une copie que lui en aura fait parvenir le possesseur [1].

Colonne 1.

En jenvier ne doit nus sainier mais faire puison de gengembre.

En fevrier doit on sainier de le vaine dou pous.

En març doit on boire douc boire et nient sainier et prendre puison d'aukerrais [2].

En avril doit on sainier de le moiene vaine et mangier car nouvele et ventouser et faire puison de feneule.

En mai doit on caut boire et caut mangier et de le vaine del fie sainier et faire puison d'aloisne.

En ghieskerec doit on sainier et boire aighe a enjun et faire puison de floires de crapes de roisin.

En fenerec ne doit nus sainier, mais mangier rue et boire aigue a enjun et faire puison de flors de crapes de roisin.

En aoust doit on boire douc boire et nient sainier et faire puison de rue.

---

1. Les nombreuses relations que Frédéric Godefroy entretenait à Orléans, particulièrement dans le clergé, rendent cette supposition infiniment probable.

2. *Alkermès*, d'après Godefroy, qui ne cite d'ailleurs pas d'autre exemple que celui-ci.

En septembre doit on sainier et mangier oes et car de porc et boire moust et faire puison de betone.

En octobre doit on roisin mangier et moust boire a enjun et faire puison de poivre et de saille et de sel.

En novembre doit on sainier de le vaine del fie et faire puison d'isope.

En decembre fait on ansi com en novembre.

Colonne 2.

Bihestres kiet une fie en .IIII. ans, et c'est quant on puet l'Incarnation partir en .IIII. parties enweles, et si kiet le jor s. Mathiu en fevrier [1].

Queres le lune prime apres les nonnes de març, li tiers diemences apres cele lune prime est li jours de Paskes.

Il est vigille le nuit s. Jehan en gieskerec et le nuit s. Piere et s. Pol ki est en ghieskerec [2].

Il est vigille le nuit s. Leurent en aoust et le nuit s. Mathiu en septembre.

Il est vigille le nuit s. Simon et s. Jude en octembre et le nuit Toussains en octembre.

Il est vigille le nuit s. Andriu en novembre et le nuit dou Noel en decembre.

Le demierkes et le devenres et le samedi apries le jor sainte Crois sunt li quatuortempre.

Le demierkes et le devenres et le samedi apres le jor sainte Lusse sunt li quatuortempre.

Le demierkes et le devenres et le samedi apres le jour des Cendres sunt li quatuortempre.

Le demierkes et le devenres et le samedi apres le jour de le Pentecouste sunt li quatuortempre. — Amen.

L. Auvray.

1. Cette note de comput se trouve également, sous une forme un peu différente, dans le manuscrit précité de l'Arsenal, jointe aux préceptes de santé relatifs au mois de février.

2. Godefroy (au mot *gieskereoh*) imprime : « St Pierre et St Pol ki est ghieskerec ».

I.

Constitution de douaire par « Ilgerannus » à sa femme « Leogardis »
(Laon, 1158) 1.

In nomine : sancte : et : individue : trinitatis 2 : Nuptiale sacramentum ab ipso mundi exordio inprimis parentibus auctoritate dei precipientis inceptum. patriarcharum imitatio||ne et angelorum obsequiis confirmatum. humane invicem societatis non parvum posteritati reliquit exemplum. In fine vero temporum salvator noster ad nuptias veniens. || eas presentia sua maxime commendavit. et illius miraculi attestatione quo aquas in vinum mutaverat. nuptiarum dignitatem perpetuo consecravit. In conjugali enim || copula verbis ipsius domini quibus virum uxori sue adherere. et propter hoc patrem et matrem relinquere precepit. humilis exhibetur obedientia, et hereticorum qui nuptia||li bono conantur detrahere. perfida et execrabili[s] confutatur infamia. Porro ipsius caritatis vinculum inter extraneos et ignotos etiam per nuptias dilatatur. et ubi caritas || ipsa per lineam propinquitatis detineri non potuit. per bonum et fidem conjugii quasi fugiens revocatur. Ego igitur ilgerrannus sanctorum patrum exemplis in||structus. tantis etiam nuptiarum privilegiis invitatus. dilectissima sponsa mea Leogardis nomine. legali et firmo matrimonio te michi uxorem conjungo. doque tibi || jure dotalicio optimam partem de his que possideo. scilicet vineas duas. vineam guidonis. et vineam que dicitur curtecharreri quas jure hereditario possideo. Preterea || do tibi domum meam ante portam claustri que est in alodio cum appendiciis suis. et guionagium quod habeo apud Laudunum. Ad hec medietatem omnium que acquisi-||ero. sub eodem jure tibi concedo. Hec omnia do tibi dilectissima sponsa mea eo tenore juris. quod amodo prefatas vineas libere habeas. quiete possideas. domum autem || et guionagium. post decessum matris mee. Hoc autem ne possit ab aliquo infringi vel immutari. sigilli domini GALTERI Laudunensis episcopi 3 impressione. et testium inscrip||tione muniri feci. Signum. Lisiardi decani 4. S. Galteri abbatis sancti Vincentii 5. S. Gunteri sacerdotis. S. Gerardi subthesaurarii. S. Odonis de

---

1. Il nous a paru intéressant de donner de cette pièce une édition diplomatique, et de conserver la ponctuation de l'original.

2. La formule d'invocation : *In nomine*, etc., est écrite en caractères allongés, ou « litterae tonsae ».

3. Gautier de Mortagne, évêque de Laon de 1155 à 1174, comme il a été dit plus haut.

4. Lisiard, doyen de Laon, paraît dans les documents de 1155 à 1167. *Gallia christiana*, IX (1751), col. 561.

5. Gautier, abbé de Saint-Vincent de Laon de 1156 à 1174.

capriniaco [1]. S. Magistri || hugonis. S. hawini. S. Galteri nepotis episcopi. S. Alexandri. S. Raineri de lotosa [2]. Signum. Milonis. de Loisiaco. S. Guillelmi fratris ejus [3]. S. Guidonis de suspiaco [4]. S. Bli||hardi de firmitate [5]. S. Odonis de abbacia. S. Guillelmi filii ejus. S. Clarenbaldi de asci [6]. S. Aitoris majoris communie. S. Radulfi canis. S. Bartholomei vicecomitis. || S. Bartholomei de bomunt. [7]. S. Dionisii prepositi. S. Ilgerranni fratris ejus. S. Roberti de seunt. [8]. S. Balduini de asci. S. Guiardi filii hoberti. S. Radulfi le mieure. S. Rober||ti. le muel. S. Drogonis camerarii. S. Drogonis panetarii. S. Gerardi vituli.

Actum Lauduni anno incarnati verbi. M°. C°. L°. VIII° [9].

Angotus cancellarius relegit, scripsit et subscripsit.

Le sceau de l'évêque de Laon manque.

On lit, au dos de la pièce, toute une série de notes, que voici :

(Écritures des XII° et XIII° siècles :) Carta Legardis de Loisi. — Laudunum CXXXIII. — Galteri, episcopi Laud[unensis], littere de dotalicio Liegardis. »

(Écriture du XV° siècle :) « Laon IIII. — Primo loto. Prima laieta. »

(Écriture du XVIII° siècle :) « 1158. Laon. Donation faite par Ingelrant à sa femme, de deux vignes seizes à Laon et autres bien par son contrat de mariage. Nota. Les deux pièces de vigne présumées à Bousson, terroir de Laon. — Cotté a. — 104° layette, 1° boëtte. — Charte de Legarde de Loisy. »

II.

Innocent IV défend que, pour les dommages que leurs bestiaux auront causés, personne ne puisse exiger des abbé et religieux de Saint-Jean des Vignes plus que l'indemnité raisonnable, sans qu'ils aient à payer d'amende supplémentaire (Lyon, 11 décembre 1246) [10].

« Innocentius episcopus, servus servorum Dei, dilectis filiis.. abbati

---

1. Eudes de Chevregny.
2. Regnier de Leuze.
3. Milon et Guillaume de Loizy.
4. Guy de Soupir (?)
5. Blihard de la Ferté.
6. Clerambaud d'Acy.
7. Barthélemy de Beaumont.
8. Robert de Sons (Sons-et-Ronchères).
9. Cette ligne et la suivante sont écrites en caractères allongés dans le sens horizontal.
10. Potthast (n° 12369) donne, à cette même date, une autre bulle adressée également aux abbé et religieux de Saint-Jean des Vignes, par laquelle il interdit que l'on puisse les obliger à vendre ou aliéner les possessions de leur monastère. (D'après Beauvillé, *Recueil de documents inédits concernant la Picardie*, tome I, p. 24, n° 19.)

et conventui monasterii Sancti Johannis in Vineis Suessionensis, ordinis sancti Benedicti, salutem et apostolicam benedictionem. Vestra nobis relatio declaravit quod, cum aliquando contingat pecora vel alia animalia vestra dampna inferre aliquibus, ipsi quibus dampna inferuntur hujusmodi, satisfactione condigna et congrua sibi super hoc a vobis exhibita non contenti, proinde nichilominus aliam emendam a vobis pecuniariam exigunt et extorquent. Quare nobis humiliter supplicastis ut providere vobis super hoc misericorditer curaremus. Nos igitur, vestris justis precibus inclinati, districtius inhibemus ne quis ultra satisfactionem condignam occasione dictorum dampnorum a vobis aliquid exigere vel extorquere presumat. Nulli ergo —. Si quis autem —. Dat. Lugduni, III idus decembris, pontificatus nostri anno quarto. »

Au revers : « N° 20. 1246. — Armoire 1. Boëte 1. Liasse 3. » — En écriture du xiii° siècle : « XXI. Ne solvamus emendas. Innocentius IIII[us]. »

III.

Innocent IV défend que l'on puisse promulguer contre les abbé et religieux de Saint-Jean des Vignes de Soissons une sentence générale d'excommunication (Lyon, 6 février 1247).

« Innocentius —. Cum nuper prohibuerimus ne in universitatem vel collegium excommunicationis sententia proferatur, volentes animarum vitare periculum, quod exinde sequi posset, cum nonnunquam contingeret innoxios etiam hujusmodi sententia irretiri, sed in illos dumtaxat de collegio vel universitate quos culpabiles esse constiterit, promulgetur, nos, vestris supplicationibus inclinati, prohibitionem hujusmodi circa universitatem vestram auctoritate presentium decernimus observandam. Nulli ergo —. Si quis autem —. Dat. Lugduni, VIII idus februarii, pontificatus nostri anno quarto. »

Au revers : « Armoire 1. Boëte 1. Liasse 3. — N° 19. 1246. » — En écriture du xiii° siècle : « XXVI. Innocentius IIII[us]. »

IV.

Clément IV accorde aux abbé et religieux de Saint-Jean des Vignes de Soissons qu'ils n'aient à recevoir dans leur monastère, ou dans les églises en dépendant, l'évêque de Soissons et les archidiacres du diocèse, que si les personnes et chevaux de leur suite ne dépassent pas le nombre fixé par le concile de Latran (Viterbe, 8 février 1267).

« Clemens —. Volentes pravam et detestabilem consuetudinem qua nonnulli episcopi et archidiaconi, occasione impendende visitationis et procurationis recipiende, ecclesias ad quas veniunt, hac de causa gravant multipliciter multitudine effrenata, penitus amputare, ut, cum venerabilis frater noster.. Suessionensis episcopus, diocesanus vester, seu locorum archidiacon[i] ad monasterium vestrum, prioratus et ecclesias ipsius monasterii pro predictis accesserint, ipsos nisi cum evectionum et personarum numero in concilio Lateranensi taxato recipere seu procurare minime teneamini, vobis auctoritate presentium indulgemus. Nulli ergo —. Si quis autem —. Dat. Viterbii, VI idus februarii, pontificatus nostri anno secundo. »

Au revers : « N° 27. 1266. — Armoire 1. Boëte 1. Liasse 3. » — En écriture du xiii° siècle : « Bulla 4 Clemens IIII^{us}. »

V.

Acte de Thibaud [II] roi de Navarre [Thibaud V de Champagne], concernant un échange conclu avec les abbé et religieux de Saint-Jean des Vignes (Lachy, Marne, juillet 1268).

« Th[eobaldus], Dei gratia rex Navarre, Campanie et Brie comes Palatinus, universis presentes litteras inspecturis salutem in Domino. Noverint universi quod nos.. abbati et conventui Sancti Johannis in Vineis Suessionensis pro domo ipsorum de Novella, quam cum certis ejus pertinentiis — nobis escambii nomine pro sexaginta octo libris Turonensium annui et perpetui redditus quitaverunt et deliberaverunt, assignamus et assedemus illas sexaginta octo libras reddituales in redditu et ad redditum in quo nobis annuatim ex certa causa tenentur.. abbas et conventus Resbacenses —. Dat. apud Lacheyum, anno Domini millesimo ducentesimo sexagesimo octavo, mense julii. »

Au revers : « Armoire 1. Boëte 4. Liasse 1. »

VI.

Nicolas III accorde aux abbé et religieux de Saint-Jean des Vignes de Soissons qu'ils puissent se servir à l'avenir des privilèges et indulgences d'eux concédés par les papes, ses prédécesseurs, dont ils auraient omis d'user dans le passé, pourvu qu'ils ne soient pas abrogés (Viterbe, 13 août 1278).

« Nicolaus episcopus, servus servorum Dei, dilectis filiis.. abbati et conventui monasterii Sancti Johannis in Vineis Suessionensis, ordinis sancti Augustini, salutem et apostolicam benedictionem. Cum, sicut ex parte —. Dat. Viterbii, idibus augusti, pontificatus nostri anno primo. »

Au revers : « N° 31. 1277. — Armoire 1. Boëtte 1. Liasse 3. » En écriture du xiii° s. : « Nicholaus III^{us}. Bulla 4ª. »

VII [1].

Alexandre III accorde aux abbé et religieux de Saint-Jean des Vignes que personne ne puisse admettre à la sépulture les paroissiens des églises dépendant de leur abbaye, sans rétribuer à ces églises ce qui leur est dû à cet effet (Bénévent, 23 mars 1168-1169) [2].

« Alexander episcopus, servus servorum Dei, dilectis filiis Johanni abbati et fratribus Sancti Johannis in Vineis, salutem et apostolicam benedictionem. Quoniam ex injuncto nobis officio universarum ecclesiarum curam et sollicitudinem gerimus, decet nos commodis et incrementis earum prompta voluntate intendere et ita unicuique sua jura servare, ne aliis videamur aliquam injuriam irrogare. Inde siquidem est quod nos devotioni vestre et ecclesie vobis commisse auctoritate apostolica indulgemus ut nulli liceat parrochialium ecclesiarum quas habere noscimini, parrochianos ad sepulturam recipere, nisi salva justitia illarum ecclesiarum de quibus mortuorum corpora assumuntur. Decernimus ergo ut nulli omnino hominum liceat —. Si quis autem —. Dat. Beneventi, X kalendas aprilis. »

Au revers : « N° 4. 1161. — Armoire 1. Boëte 1. Liasse 3. » En écriture du xiii° s. : « Alexander III^{us}. »

VIII.

Innocent IV accorde aux abbé et religieux de Saint-Jean des Vignes qu'ils ne puissent être obligés par lettres apostoliques, qui ne feraient pas mention de la présente indulgence, à la provision d'un bénéfice ou au paiement d'une pension (Lyon, 26 mai 1247).

« Innocentius episcopus, servus servorum Dei, dilectis filiis.. ab-

---

1. Cette pièce et la suivante appartiennent, comme nous l'avons indiqué plus haut, à la Société archéologique de l'Orléanais et sont exposées dans l'ancienne salle des thèses de l'Université d'Orléans.
2. Cette pièce est analysée dans la seconde édition des *Regesta Pontificum Romanorum* de Jaffé, n° 11504, d'après le Cartulaire de Saint-Jean des Vignes de Soissons conservé à la Bibliothèque nationale, ms. latin 11004, fol. 12. Je n'ai trouvé dans ce Cartulaire aucune des autres pièces dont il a été parlé plus haut.

bati et conventui Sancti Johannis in Vineis Suessionensis, ordinis sancti Augustini, salutem et apostolicam benedictionem. Devotionis vestre precibus benignum impertientes assensum, auctoritate vobis presentium indulgemus ut ad receptionem sive provisionem alicujus in pensionibus vel beneficiis ecclesiasticis per litteras Apostolice Sedis de cetero non possitis compelli, absque speciali ejusdem Sedis mandato faciente de indulgentia hujusmodi mentionem. Nulli ergo omnino hominum —. Si quis autem —. Dat. Lugduni, VII kalendas junii, pontificatus nostri anno quarto. »

Au revers : « N° 18. 1246. — Armoire 1, Boëte 1. Liasse 3. » En écriture du XIII° siècle : « XXII. Ne solvamus pensionem vel provideamus alicui. — Innocentius IIII^{us}. »

BESANÇON. — IMPRIMERIE DE VEUVE PAUL JACQUIN.

www.ingramcontent.com/pod-product-compliance
Lightning Source LLC
Chambersburg PA
CBHW061619040426
42450CB00010B/2567